MÉMOIRE

AU ROI

ET AUX CHAMBRES,

PAR LES COLONS DE L'ALGÉRIE.

« L'Algérie est une terre à jamais française. »
(Discours de la couronne.)

PUBLICATION DE LA DÉLÉGATION DE L'ALGÉRIE.

PARIS.

IMPRIMERIE ET FONDERIE DE RIGNOUX,
rue Monsieur-le-Prince, 29 *bis*.

1847

Des brochures, des pétitions, viennent d'être publiées ou le seront prochainement par les délégués des colons de l'Algérie. Ces écrits peuvent se résumer en deux mots : *Institutions civiles, assimilation à la France.*

Un mémoire, rédigé, à Alger même, par nos concitoyens, vient de nous être adressé, et nous nous empressons de le rendre public.

Le gouvernement du Roi et les Chambres y trouveront une preuve de la sincérité de la délégation algérienne, et de l'unanimité des vœux d'une population de 125,000 habitants en faveur des mesures, tant de fois réclamées, qui seules peuvent mettre un terme aux sacrifices de la France, en assurant la prospérité de la plus grande de ses provinces.

Paris, ce 28 mars 1847.

E. DELPECH DE SAINT-GUILHEM,
BARON VIALAR,
COMTE DE FRANCLIEU,
COMTE DE RAOUSSET-BOULBON,

délégués de l'Algérie.

MÉMOIRE

AU ROI

ET AUX CHAMBRES.

EXPOSÉ DES MOTIFS.

Les propriétaires, négociants, industriels et cultivateurs résidant en Algérie depuis plusieurs années, quelques-uns même depuis les premiers jours de la conquête :

Liés désormais au sort de leur nouvelle patrie, non-seulement par leurs intérêts, mais encore par l'importance de l'œuvre à laquelle ils ont consacré une longue partie de leur existence ;

Dans leur inviolable attachement à la mère patrie ;

Dans leur profond respect pour le trône, d'où est émanée cette parole solennelle : *L'Algérie est une terre à jamais française ;* et pour les Chambres législatives qui ont accueilli cette déclaration avec enthousiasme, et ont libéralement accordé au gouvernement les moyens nécessaires pour la convertir en une glorieuse réalité ;

Aujourd'hui que, grâce à la bravoure de l'armée et à l'habileté de son chef, l'œuvre de la conquête semble terminée, la domination de la France solidement affermie ;

Jaloux de seconder le gouvernement dans ses efforts pour aplanir les obstacles qui empêchent les progrès d'un établissement nouveau et en compromettent l'avenir ;

Se sont réunis pour résumer dans un manifeste, à la fois précis et concluant, les idées, les observations, les principes qui doivent, selon eux, présider à la solution de la question si souvent controversée sous ces mots qui en présentent l'énoncé : *Gouvernement et administration de l'Algérie.*

Ils n'ignorent pas combien est grande la tâche qu'ils s'imposent, à quel point les meilleurs esprits sont partagés sur cette question ; mais ce qu'ils savent, c'est que, mêlés depuis tant d'années aux affaires du pays, il n'y ont pas reconnu ce caractère mystérieux d'étrangeté et de complication que l'on s'est plu trop souvent à leur prêter. Ce qu'il savent aussi, c'est que, colons eux-mêmes, ils ont été plus que personne à portée d'apprécier ce qu'il importe aux colons de trouver à leur arrivée en Algérie. Dès lors, cette Algérie n'est pas pour eux un vain sujet de discussion et de théorie ; leurs opinions sont le fruit d'une réflexion incessamment nourrie de l'étude du fait, leurs vœux procèdent d'une conviction basée sur une longue expérience. Que la sincérité de leur langage ne soit, en aucun cas, tenue pour injure ! Loin de vouloir blesser le passé par de faciles récriminations ou offenser le pouvoir par une injuste méfiance, ils s'appliqueront à élever leur cause, par la modération de leur parole, au niveau d'une cause nationale. S'ils s'alarment du sort d'une œuvre laborieuse de quinze années, est-ce donc seulement pour eux, n'est-ce pas encore pour ceux dont ils n'ont été que l'avant-garde, avant-garde inutile et compromise si elle ne devait être appuyée par un large mouvement de colonisation ?

C'est en vain qu'on voudrait le dissimuler, la colonie souffre d'un malaise sérieux. La population européenne, qui, durant ces trois dernières années, avait pris un si rapide essor, n'augmente plus que faiblement ; elle a même diminué sur certains points, notamment dans la province de Bone ; d'autres symptômes non moins fâcheux sont faciles à constater. L'agriculture est négligée, le commerce languit, les transactions les plus ordinaires deviennent littéralement impossibles ; enfin, la propriété urbaine même, qui, en dix années, avait appelé à elle et employé jusqu'à *soixante et quinze millions* de capitaux, tombe dans un discrédit inexprimable dont on ne saurait prévoir le terme.

Et pourtant les circonstances, que des esprits superficiels avaient jugées suffisantes pour pourvoir à la fortune de notre France d'outre-mer, n'ont jamais été plus favorables.

On disait, par exemple, qu'un grand état militaire, maintenu en Algérie, amènerait, à lui seul, la colonisation et la prospérité. Les quatre-vingts millions que coûte l'entretien de cet état militaire devaient être une rosée fécondante qui dispenserait de recourir à aucun autre appel plus direct aux populations. Eh bien ! cette armée, nous l'avons ; tout l'effet que sa présence peut produire est produit ; cantonnée par masses et en repos autour de nos centres de population, elle assure au commerce ordinaire et aux petites industries tous les débouchés dont elles ont besoin. Cependant le mal s'aggrave tous les jours ; ce bienfait d'une armée, même portée à son chiffre le plus élevé, n'est donc pas une condition suffisante du salut de l'Algérie.

On disait : La sécurité est la première condition de l'existence d'une société ; ayons la sécurité, et vous verrez accourir tous les retardataires de l'émigration algérienne. Or, cette sécurité, nous l'avons ; elle règne au delà même de nos espérances. Et cependant le courant de l'émigration vers l'Algérie, au lieu de se développer dans les proportions que l'on devait prévoir, s'affaiblit. Il n'y a pas bien loin de là à un temps d'arrêt, peut-être même à un mouvement de retraite. Cette sécurité, à laquelle on attribuait une irrésistible puissance d'attraction, n'est donc pas non plus une condition suffisante du salut de l'Algérie.

On disait encore : Que le commerce, grâce à la pacification des Arabes, ait ses coudées franches et puisse pénétrer au sein de leurs tribus, vous verrez nos établissements coloniaux, alimentés par cette ressource, se raviver et fleurir. Eh bien ! cette pacification des Arabes, ce commerce libre et entier avec eux, nous

l'avons; chaque jour amène parmi nous, des points les plus re-
culés de l'Algérie, de nombreuses caravanes qui nous apportent
tout ce qu'elles peuvent vendre, et nous emportent tout ce qu'elles
peuvent acheter. Et cependant quel est le résultat de cette exten-
sion de nos relations commerciales? A-t-il répondu aux illusions
que l'on s'était faites? Non, sans doute, et l'état présent des
choses prouve que ce ne sera pas seulement sur l'appât d'un tra-
fic commode avec les Arabes, que les populations de la France
consentiront à se déplacer.

Le mal vient de plus haut; il tient à des causes mal définies
en France, volontairement ou involontairement méconnues de
presque tous les personnages qui ont pris une part importante
aux affaires de l'Algérie. Mais, à Alger, on ne s'y trompe pas.
Cet instinct, si sûr, qui guide les sociétés dans l'appréciation de
leurs véritables intérêts, ne fait pas défaut à notre société nais-
sante. Elle s'agite, cette société, tumultueusement peut-être, mais
sous l'empire du sentiment profond de l'ordre qui n'existe qu'en
vertu d'une constitution régulière, prescrivant le devoir et ga-
rantissant le droit. Si elle s'émeut avec vivacité, c'est pour attein-
dre au but élevé qu'une promesse auguste lui a fait entrevoir;
convaincue que plus l'Algérie deviendra française, plus elle deviendra florissante, et que l'avénement des institutions de la
mère patrie sur le sol africain sera le signal infaillible de la
prospérité.

Exposer la situation de l'établissement algérien;

Caractériser le régime qui lui est appliqué;

Formuler les dispositions qui, proposées par le gouvernement
et adoptées par les Chambres, remédieraient à un état intolé-
rable:

Tel est l'objet de ce mémoire.

SITUATION DE L'ALGÉRIE.

Depuis que l'heureuse saisie de tout le territoire de la vieille régence a jugé la querelle de l'occupation restreinte et de l'occupation complète, notre domination y est assurée par trois lignes militaires. La première est celle du littoral; la seconde celle de l'intérieur ou du Tell; la troisième longe le désert ou le Sahara.

Le système d'occupation intéresse trop directement la colonisation dont il garantit la sécurité pour que nous déclinions notre compétence.

Quand l'histoire ne nous enseignerait pas que la véritable ligne de domination du pays est celle de l'intérieur, un coup d'œil sur la carte nous montrerait le nord et le sud commandés par la ligne centrale qui, de Lalla-Maghrnia à Guelma, relie entre eux Tlemcen, Mascara, Milianah, Médéah, Sour-Goszlan ou d'Aumale, Setif et Constantine. C'est sur cette ligne qu'une ordonnance ministérielle a prescrit de transférer le quartier général de chacune des trois divisions de l'armée d'Afrique. Nous croyons interpréter les intentions de cette ordonnance en présumant que, tôt ou tard, nos forces militaires seront échelonnées sur cette ligne qui offre plus d'une lacune, d'après le système le plus conforme à la sûreté générale.

La troisième ligne ne se compose que de quelques postes-magasins: ce sont Zebdou, Tiaret, Teniet-el-had, Boghar et Biskara. Il serait plus facile encore de signaler, entre les postes d'occupation ou de surveillance de cette ligne, de larges et fréquentes brèches à remplir.

Quoi qu'il en soit, le plan de domination du pays nous paraît bien assis; il s'agit de le compléter, et de ne plus laisser de solutions de continuité dans la ceinture de nos établissements coloniaux.

Le chiffre de la population indigène répandue sur ce territoire, dont la superficie est au moins égale à celle des deux tiers de la France, a été l'objet de longues contestations. D'après les documents émanés de l'administration supérieure, il est hors de doute que ce chiffre ne dépasse pas deux millions ; ce qui donne une densité moyenne de cent habitants par lieue carrée, c'est-à-dire le dixième de la population moyenne de France.

Hâtons-nous de le dire, on nous a souvent reproché une antipathie contre les indigènes, poussée jusqu'au délire ; loin de nous ces folles théories d'extermination et de refoulement qui ont osé se prêcher ! Nous ne leur ferons pas l'honneur de les réprouver au nom du sens moral de notre époque, au nom de la France qui ne remplit pas dans le monde, depuis des siècles, une mission civilisatrice pour se renier en Afrique. L'extermination est le mot suranné de la barbarie ; le refoulement, compromis bénin entre l'extermination et l'humanité, est absurde. Parqués dans le désert ou dans leurs montagnes, les indigènes ne menaceraient-ils pas la colonisation de leurs excursions soudaines et du pillage ? Tuer ses ennemis ou déclarer la permanence des hostilités, est-ce là toute la science politique de la France ? Est-ce là ce qu'en l'absence de généreuses inspirations le sens pratique conseille ?

La population indigène, au lieu d'être envisagée comme un obstacle à la colonisation, doit en être un instrument. Ce sont des ouvriers d'un ordre inférieur, mais tout transportés et tout acclimatés, dont il faut savoir tirer parti, et qui d'abord accepteront les avantages matériels de ce contact, sans se montrer grandement émus des merveilles de notre civilisation. Cependant, nous le disons avec une conviction profonde, lorsqu'à côté de cette société de l'Orient si misérable dans ses splendeurs, si abjecte dans sa fausse dignité, si esclave dans sa folle indépendance, il sera permis à la société de l'Occident de venir se poser dans toute sa sincérité ; de montrer, à qui l'ignore, tout ce qu'elle renferme d'intelligence, de richesse, de liberté ; le choix des générations ne sera pas longtemps douteux. L'islamisme, sapé dans sa base, séparé qu'il sera, chez nos peuplades algériennes, des foyers dont il est sorti et au sein duquel il allait, chaque jour, se retremper, s'affaiblira de lui-même ; et Dieu saura bien faire tourner au service de la régénération commune jusqu'aux mauvais sentiments inséparables de la nature humaine.

Sur ce vaste territoire, à côté et au milieu des indigènes, la population européenne tient encore peu de place, il est vrai, mais plus peut-être qu'il n'y avait lieu de l'espérer. Ses mouvements ont nécessairement suivi ceux de l'occupation, et elle gravite autour des trois lignes militaires que nous avons signalées. Partout où un bataillon a établi un poste et donné l'assurance d'un séjour durable, un essaim de cette population s'est immédiatement groupé, ses audacieux instincts lui disant que, là où le pavillon national vient se planter, il prend racine. C'est donc dans les villes du littoral d'abord, soit anciennes, soit nouvellement fondées, que la population européenne s'est fixée, et cette zone est la plus peuplée ; puis celle de l'intérieur ; celle du désert commence à se peupler.

Tous ces contingents réunis forment un total de plus de cent mille individus, et même de deux cent mille, si l'on y ajoute les familles juives et musulmanes qui, par un motif ou un autre, se sont rattachées à nous sans retour possible vers d'autres pays, qui n'ont plus d'autre patrie que celle que nous leur ferons.

Au lieu de s'étonner de la modestie du chiffre de cette population européenne, on en admirera l'élévation si l'on songe à tout ce que les premières années de notre occupation ont eu de précaire. Chaque session, chaque discussion de budget, ramenait des paroles de découragement et des hésitations que l'indécision du gouvernement ne dissipait pas. C'est sous ces tristes auspices que les éléments de la population se sont agglomérés, et que les colons se sont mis à l'œuvre, commençant à rebâtir les anciennes villes, à en faire de nouvelles, à relever les ruines que la guerre ou la barbarie avait faites, et cela, partout où on les a, nous ne disons pas encouragés ou autorisés, mais simplement *tolérés*.

Les états officiels font foi que, de 1835 à 1847, les capitaux absorbés par les constructions nouvelles doivent être évalués à *soixante et quinze millions*. A ce capital, déjà considérable, ajoutez les fonds employés en acquisitions des immeubles provenant soit des anciens propriétaires indigènes, soit du domaine de l'État ; ajoutez encore les fortunes mobilières de toute espèce que le colon a bien dû se procurer du dehors, puisque le pays ne lui a primitivement fourni que bien peu de choses ; dédaignez, si vous le voulez, toutes les considérations morales ; ne vous arrêtez qu'aux résultats matériels ; capitalisez donc, par la pensée, les fortunes mobilières et immobilières que représentent nos établissements d'Algérie, et voyez si cette masse d'intérêts doit être traitée avec indifférence, sans aucun souci de leur prospérité ou de leur ruine.

Veut-on apprécier un autre résultat de la présence de cette population ? Du temps des Turcs, le montant des impôts perçus atteignait à trois ou quatre millions ; aujourd'hui, c'est à vingt-quatre millions que s'élèvent les contributions algériennes. Le revenu serait bien plus considérable si la nécessité d'assurer à notre marine, à notre industrie et à notre commerce la plus large protection, nous permettait de faire produire à la douane tout ce qu'elle pourrait donner.

Cependant, que l'on consulte les registres de la douane depuis quinze ans, et l'on sera surpris des développements inattendus qu'ont pris graduellement une navigation qui ne comptait que pour ses risques, un commerce qui n'existait pas. Voici les chiffres empruntés aux tableaux de l'année qui vient de finir :

Valeur des importations en Algérie pour les 1er, 2e et 3e trimestres de 1846 : 80,373,252 fr.

Valeur des exportations de l'Algérie : 2,144,441 fr.

Tonnage des bâtiments employés à la navigation : 407,408 tonneaux représentés par 5,606 navires ;

Les recettes des douanes, en 1846, ont produit 6,789,857 fr. et présentent un excédant sur celles de 1845 de 1,917,776 fr.

D'après ces chiffres, l'Algérie occupe le troisième rang dans le développement du commerce extérieur de la France, et, pour la navigation, elle lui présente déjà un résultat égal au cinquième du mouvement général de la marine marchande, supérieur à celui de toutes les autres colonies prises ensemble.

Qu'on n'hésite donc plus à le reconnaître, l'importance de la population algérienne est supérieure à sa force numérique. Née d'hier, elle s'est rapidement fortifiée en tirant parti de toutes les ressources offertes par sa position et en luttant contre des empêchements de toute espèce avec énergie. Déjà elle a cessé d'être indifférente à l'Europe par ses relations commerciales avec tous les pays ; et en tenant la place d'honneur sur le continent dont elle a pris possession, elle a son poids dans le grand forum maritime de la Méditerranée. Sommes-nous donc suspects d'exagération en revendiquant, pour notre société à son début, le bénéfice des droits que confèrent à tout centre de population la force numérique, la propriété, les revenus, le commerce et l'influence morale ? Et nous aussi nous pouvons dire à notre tour : *C'est là un fait accompli.*

Mais une société ne vit que par ses lois ; elle n'a de force et d'avenir que par ses institutions. Ici nous éprouvons une douleur patriotique de n'avoir à exprimer que des regrets et des plaintes. Tandis que les habitants et le sol conspirent la prospérité de l'Algérie, un régime exceptionnel multiplie les obstacles au succès, et crée le découragement, les crises, la catastrophe.

———

RÉGIME EXCEPTIONNEL DE L'ALGÉRIE.

La France est justement fière des institutions qu'elle s'est données. Ce fut au prix d'une révolution qu'elle en proclama les immortels principes, au prix d'une lutte héroïque qu'elle les fit triompher, et ces principes, gravés dans ses codes, ont suivi la marche de ses armes et n'en ont pas subi la fortune. A cette heure encore, après la fin de sa dictature militaire, son esprit n'a pas cessé d'animer les peuples qui ne reconnaissent plus son pouvoir.

Eh bien ! nous le demandons, en quoi l'Algérie participe-t-elle aux institutions de la France, qui a fait plus que la conquérir, qui l'a faite *sienne?* A quel peuple appartient le régime bâtard dont elle est affligée? Après cette solennelle proclamation du premier pouvoir de l'État : *L'Algérie est une terre à jamais française,* pourquoi n'a-t-elle pas encore commencé de l'être? Devenue partie intégrante de la nation, pouvait-elle être soustraite au pacte que la nation s'est librement imposé? Et pourtant il n'est pas une seule des conditions de ce pacte qui n'y soit méconnue.

Exceptions à la Charte.

Ainsi, la Charte dit : *Toutes les propriétés sont inviolables.* Or, qui ne sait jusqu'où l'on a porté la violation de la propriété, à tel point qu'on a voulu bâtir, sur cette violation même, une législation tout entière. Nous n'insisterons pas. Qu'on nous permette seulement de rappeler que le retrait de l'ordonnance du 21 juillet 1846 a été sur le point de devenir une question de gouvernement; le respect dû à la signature royale a seul protégé cette œuvre malheureuse; et, chose étrange, tandis qu'en France le droit de l'État à prononcer l'expropriation pour cause d'utilité publique se renforce tous les jours et est avoué de tous, ici, il s'affaiblit, et l'administration n'ose plus recourir à ce moyen légitime qu'elle a compromis par les abus qu'elle en a faits.

La Charte *garantit la liberté individuelle,* personne ne pouvant, a-t-elle dit, être poursuivi, ni arrêté que dans les cas prévus par la loi, et dans les formes qu'elle prescrit. Oserait-on prétendre que cette garantie a été respectée? que cette liberté soit compatible avec le régime appliqué à la milice, avec la faculté laissée ou donnée à l'autorité militaire d'expulser les uns, d'emprisonner les autres? Si les abus sont devenus plus rares, nous ne le contestons pas, s'ils ont même disparu devant l'énergie des réclamations publiques et privées, la porte est-elle donc fermée au retour?

La Charte prescrit l'*inamovibilité des juges.* Eh bien! après avoir, à trois reprises, remanié l'organisation judiciaire de l'Algérie, cette garantie salutaire est la seule que l'on ait positivement écartée de la dernière ordonnance, alors qu'on semblait disposé à accepter, pour tout le reste, l'assimilation avec la magistrature de la France.

Enfin, la Charte dit: *Les colonies sont régies par des lois particulières.* Qu'est-ce donc alors que l'Algérie? Si ce n'est pas une colonie, elle rentre dans la loi générale, c'est un pays de droit commun. Si c'est une colonie, où sont ses lois particulières? *Quand ont-elles été discutées et votées par les Chambres?*

L'oubli de ces principes, auxquels nul n'avait le droit de déroger, a été fatal. Sortir de la règle, c'était condamner l'Algérie à toutes les phases de l'arbitraire et à toutes les péripéties du provisoire, en livrant la direction de ses affaires à une déplorable instabilité. Nous nous bornerons à rappeler succinctement la succession de ces organisations que l'on voulait bien appeler fondamentales.

Exceptions à l'ordre administratif.

De 1830 à 1834, c'est le règne des généraux en chef, auxquels la volonté énergique de Casimir Périer associe, en 1832, un intendant civil.

En 1834, institution d'un gouverneur général avec un cortége de fonctionnaires qui devaient balancer son pouvoir; un intendant civil, un directeur des finances, un procureur général, etc. etc.

En 1836, les prérogatives de ce gouverneur général sont amoindries au profit de celles de l'intendant civil que l'on veut relever, et qui doit centraliser tous les services non militaires.

Cette combinaison n'a pas plus de durée. Le premier gouverneur en crédit la renverse, et l'intendance civile est démembrée pour former une direction de l'intérieur, une direction des finances redevenue indépendante, mais surtout pour ajouter aux prérogatives du gouverneur général, et à celles de la direction des affaires de l'Algérie, qui commence à se former auprès du ministère de la guerre. Cette organisation n'a pu durer plus de cinq ans, et c'est après un pénible intérim de plus d'une année dans tous les pouvoirs de l'Algérie, que nous sommes arrivés à l'ordonnance du 15 avril 1845, renversée en fait le premier jour où l'on a tenté de l'appliquer, avec celui que l'on avait voulu en faire l'éditeur responsable, et destinée, nous l'espérons, à vivre moins longtemps encore que ses devancières.

Arrêtons-nous à cette ordonnance du 15 avril 1845, qui, pour être la dernière venue, a dû avoir un caractère plus marqué de transition entre l'exception pure et le retour à la légalité. Avant de parler des institutions gouvernementales et administratives qu'elle a fondées, signalons la division territoriale qu'elle a établie, c'est-à-dire le partage de l'Algérie en territoires *civils*, territoires *mixtes* et territoires *arabes*.

Ce partage était, jusqu'à un certain point, légitimé par le mouvement de la population européenne qui, comme nous l'avons dit, se poussait derrière chaque pas et chaque établissement de l'armée. Mais d'abord, que signifie ce mot de *territoire*, si rarement usité dans le texte de nos lois? Il accuse évidemment chez les auteurs de l'ordonnance l'intention de substituer, à des dénominations qui eussent rappelé l'organisation de la France, un terme qui n'emportât aucune idée du droit politique, aucune reconnaissance de l'assimilation de l'Algérie à la mère patrie. Bref, au lieu du mot sacramentel qui eût été un baptême, on a appliqué, comme synonyme malencontreux, le nom de *territoire civil* à celui où existerait une autorité civile quelconque, un peu plus indépendante de l'autorité militaire, considérée comme essentiellement prédominante. Par *territoire mixte*, on a désigné celui où les Européens jouiraient de certaines lois civiles, dont l'application serait exclusivement confiée à des chefs militaires. Comme si l'action militaire était plus forte, plus libre dans les territoires mixtes que dans les territoires civils ! On a compliqué l'administration et paralysé la justice, voilà tout. Enfin, ce quelque chose de vague, d'indéterminé, où les Européens de passage seraient assujettis à un régime impossible à définir, appliqué par l'armée chargée de contenir les indigènes, voilà ce qu'on a appelé territoire arabe. Pourquoi pas aussi un territoire kabyle, un territoire mozabite, et ainsi des diverses races qui nous sont connues aujourd'hui? A ce compte, où serait donc le territoire français?

Ajoutons, pour compléter cette juste critique, que les circonscriptions civiles ont été seules délimitées, ou à peu près. Quant aux territoires mixtes et arabes, ils n'ont pas été délimités, et de fait ils ne pouvaient guère l'être.

Toutefois ce système de division territoriale, maladroitement formulé, est un véritable jalon d'avenir dont nous nous emparerons lorsque nous aurons à proposer des mesures d'organisation. Voyons à présent si les auteurs de l'ordonnance ont été plus heureux ou plus habiles dans l'établissement du pouvoir auquel ils ont confié l'administration de ces territoires.

L'ordonnance du 15 avril 1845 a, comme les précédentes, placé au faîte de l'édifice un gouverneur général, mais avec un amoindrissement considérable de ses attributions ; elle l'a surtout placé d'une manière plus immédiate sous l'autorité du ministre de la guerre ; de sorte que si l'ordonnance était exécutée à la lettre, le pouvoir de ce gouverneur général se réduirait à bien peu de chose. Or, c'est précisément le contraire qui a eu lieu. Auprès de ce gouverneur général, l'ordonnance a placé un directeur des affaires civiles. Ce fonctionnaire devait être la cheville ouvrière de tout le système. N'y a-t-il pas ajouté une complication de plus ?

Qu'est-ce, en effet, que le directeur général ? Est-il le second du gouverneur, son *alter ego ?* Peut-il quelque chose sans lui ? Non, sans doute ; contre lui, encore moins. Aucune part exacte d'autorité ne lui est dévolue, et il y a même dans l'ordonnance une combinaison qui l'annule complétement : c'est celle qui ne lui permet que de se mêler des affaires que le gouverneur général ne s'est point réservées. On peut aller loin avec des dispositions aussi élastiques. Aussi a-t-on contesté au directeur général le titre de fonctionnaire, et ce n'a pas été sans raison. Ses attributions consistent à préparer le travail du gouverneur, à prendre ses ordres et à les transmettre. Ce ne sont pas là assurément les caractères d'un pouvoir indépendant et sérieux.

Après le directeur général, viennent les quatre directeurs : de la justice, de l'intérieur, des travaux publics, des finances, chefs réels des services, sous les ordres desquels sont immédiatement placés tous les fonctionnaires, agents, employés, etc. etc., composant les différentes administrations. C'est donc entre leurs mains que réside effectivement l'expédition des affaires.

Mais ici commencent les difficultés. Le ministre de la guerre est au fond, et s'applique à être réellement l'administrateur de l'Algérie. Ses instructions, ses ordres ne sont adressés qu'au gouverneur général, et cependant ne peuvent être exécutés que par les directeurs que nous venons de nommer, ou, sous leurs ordres immédiats, par leurs subordonnés. Qu'arrive-t-il de là ? Le gouverneur général, soit directement, soit par l'entremise du directeur général, transmet l'ordre, ou modifié ou tel qu'il l'a reçu. Dans le premier cas, il y a partage et atténuation de l'autorité supérieure ; dans le second cas, ce sont des lenteurs et des complications de plus.

Exceptions à l'ordre judiciaire.

Voilà pour la haute administration ; passons à la justice. Elle, la règle par excellence, elle n'a pas échappé aux perturbations de ce régime exceptionnel.

Après avoir essayé successivement d'une cour spéciale, puis d'un tribunal supérieur, on s'est enfin décidé à accepter l'établissement d'une cour royale. L'institution était toute faite, il suffisait de la prendre tout entière : point du tout, on l'a déjà remaniée deux fois sans avoir pourvu cette cour royale d'une chambre d'instruction, et l'institution sera revue et corrigée de nouveau jusqu'à ce qu'on soit revenu aux principes de fixité, d'indépendance et d'inamovibilité, véritables bases du pouvoir judiciaire.

Rappellerons-nous que la législation faite à l'usage de l'Algérie permet au procureur général d'annuler l'instruction de quelque affaire que ce soit, à quelque degré qu'elle soit parvenue (1), et

---

(1) Ce sont les termes formels d'un article de l'ordonnance du 16 septembre 1842. Ajoutons que dans les provinces autres que celle d'Alger, les procureurs du Roi ont le même pouvoir que le procureur général dans celle-ci.

que cette législation admet l'inégalité devant la loi ? On sait qu'il existe deux degrés de juridiction au grand criminel pour les provinces d'Oran et de Constantine, et un seul pour la province d'Alger.

Nous ne dirons rien des lois relatives au commerce et aux douanes. C'est là un élément essentiellement variable de sa nature ; et, cependant, ce sont les branches d'administration qui ont le moins varié en Algérie, parce qu'avant tout il a bien fallu s'en rapporter aux hommes spéciaux, consulter les ministères habitués à en connaître.

Mais on ne s'est pas borné à altérer profondément le caractère de la justice ; les innovations dans l'organisation des tribunaux en ont amené d'autres dans la jurisprudence, dans la procédure civile et criminelle, enfin dans les institutions secondaires qui dépendent de la justice et font corps avec elle. Voici ces innovations.

1° Le recours en cassation enlevé aux jugements en matière civile.

2° Les tribunaux français obligés de juger les indigènes d'après les dispositions du Coran bien ou mal combinées avec celle du Code pénal, et d'appliquer au coupable la peine la plus douce que prononcerait l'un des deux codes, ce qui dans certains cas eût obligé nos juges à renouveler les bizarres et cruels exemples de la peine du talion.

3° La *profession d'avocat* confondue par une funeste méprise avec celle d'avoué, en sorte que, par une exception unique, peut-être, dans les annales du monde judiciaire, nous avons un barreau sans indépendance ; ou, plutôt, il n'existe point de barreau auprès des tribunaux de l'Algérie.

4° Le *principe fondamental de la justice consulaire*, c'est l'élection par leurs pairs des membres qui doivent composer le tribunal de commerce. L'application de ce principe est formellement déniée à l'Algérie, encore bien qu'il ait été démontré que le commerce d'Alger, notamment, pouvait présenter un nombre de patentables égal ou supérieur à celui des principales villes de France.

5° *Le notariat*, dont la bonne organisation touche de si près à la sécurité des familles, a toujours été régi en France par des lois empreintes d'un esprit tout particulier de conservation et de stabilité. Ici, après avoir nié son existence pendant près de dix ans, on l'a soumis à des règlements distincts de ceux de France, et qui déjà deux fois ont été retouchés. Quel avantage en est-il résulté pour l'État et pour les particuliers ? Tel qu'il est constitué, le notariat n'offre à ceux qui détiennent les charges que des avantages temporaires dont ils doivent se hâter de profiter ; et l'administration, lorsqu'il s'agit de remplacer et de nommer un nouveau titulaire, se voit débordée par le nombre des pétitionnaires, et dominée par l'exigence des recommandations.

Mais, en revanche, tandis qu'on se livrait à ce besoin d'innover pour des institutions agréées de tous, et qui ont pour elles l'autorité de l'expérience et des traditions, l'on n'a pas voulu introduire en Algérie les réformes véritables que toute la France sollicite. C'est ainsi que l'on nous a imposé le régime hypothécaire avec ses formalités si compliquées et sa ruineuse procédure. Tel est donc le régime bizarre et antinational sous lequel gémissent les fractions de l'Algérie, qu'on veut bien appeler les territoires civils. Quant aux territoires mixtes, est-il besoin d'en parler ?

Nous rendrons pleine justice aux honorables officiers, à qui l'on s'est vu dans la nécessité de confier une mission aussi étrangère à leur profession et aux habitudes de leur vie ; mais leur zèle et leur dévouement ne pouvaient corriger les vices incurables d'un système désavoué par nos mœurs autant que par nos lois. Nous nous bornerons à dire que les localités comprises dans cette dénomination ou rentreront dans le droit commun, ou resteront sans rapports suivis avec les autres places. Des capitaux, libres et intelligents, iront-ils se porter là où le cours ordinaire des lois est suspendu (1)? où les transactions, qui ont pour objet la propriété foncière, sont dépourvues de toute garantie? car il n'existe, pour les valider, ou les infirmer, qu'un tribunal qui ne peut lui-même se prendre au sérieux. Prolonger la situation bizarre de ces populations, c'est leur interdire tout progrès et les vouer, inévitablement, à une prochaine décadence. Peut-être, pour remédier à un abus qu'il est impossible de nier, on imaginera de créer, à l'usage particulier de ces territoires, des institutions plus ou moins éloignées de celles qui régissent les autres. Ainsi, on fera à volonté, du commandant de place, un juge de paix ou un tribunal civil; du commandant supérieur, un tribunal de première instance ou une cour royale tout entière. On transformera des gendarmes en huissiers et en procureurs. Plutôt que de céder à l'évidence, on ira même jusqu'à inventer un système hypothécaire tout entier, qui sera admis sur un point et ignoré sur un autre. Quel sera l'effet de ces timides palliatifs du mal? Allons-nous donc refaire en Afrique ce que nous avons détruit en France : *reconstituer des généralités et des pays d'État, et à côté des pays de droit écrit, des pays de droit coutumier?*

Nous avons constaté l'anomalie dans le sanctuaire de la justice; nous la retrouverons dans la religion.

Exception au Concordat.

Tout le monde sait combien les matières religieuses sont délicates, ce qu'elles exigent à la fois de ménagements et de fermeté.

---

(1) Voir la circulaire de M. le maréchal gouverneur général relative à la non-exécution des jugements rendus contre les individus résidant aux territoires mixtes.

On annonce l'institution d'un juge unique; mais si ce juge unique est malade, quel sera son suppléant? S'il y a nécessité d'instituer un tribunal régulier, pourquoi ne pas le faire? On ne peut pas économiser sur la justice.

Nous avons en France, sur cette matière, une loi admirable ; le concordat de 1802. Existe-t-il en Algérie ? L'on prétend qu'il y est sans valeur, faute d'y avoir été promulgué, en sorte que s'il survenait quelques difficultés avec un évêque entreprenant, on n'aurait aucune loi à lui opposer ; ou bien, il faudrait le promulguer pour en faire une application, au risque de violer le principe de la non-rétroactivité.

Ce ne sont pas là des suppositions chimériques, et le vide déterminé par cette absence du Concordat est sensible. Nous avons un évêque, mais nous n'avons pas de clergé. De grandes paroisses comptant vingt mille âmes et plus , Alger, Oran, Bone, n'ont que de simples desservants donnés par l'évêque et révocables au gré d'un caprice sans que le gouvernement lui-même puisse rien faire qu'enregistrer l'acte de bon plaisir qui lui est notifié. Pense-t-on qu'avec un régime pareil on attire, dans le diocèse d'Alger, un clergé capable d'exercer sur la population cette influence salutaire qui n'appartient qu'aux lumières et à l'indépendance ?

Exception à l'Université.

Que si nous n'avons pas de concordat, par conséquent pas de clergé, nous n'avons pas non plus d'université. Par suite de décisions particulières et d'efforts individuels, il s'est formé un collége , institution étrangère à l'Université ; ce serait en vain que ce collége , ou l'administration en son nom , voudrait invoquer contre des institutions rivales le bénéfice des lois. Il est hors la loi lui-même ; il ne relève d'aucune académie ; seulement il emprunte de temps à autre du ministère de l'instruction publique, par l'entremise du ministère de la guerre, les professeurs dont il a besoin. Est-ce là une institution digne de ce nom et en rapport avec la population d'une ville qui occupe la seizième place parmi les principales cités de la France ?

Parlerons-nous de l'instruction primaire, si utile en Algérie, pour réunir et *nationaliser* des populations d'origines si diverses ? Cette instruction primaire n'est pas mieux constituée que l'instruction secondaire. Nous ne contestons pas les efforts de l'administration locale pour remédier à ce défaut d'ensemble, et pour établir des écoles au fur et à mesure des ressources mises à sa disposition. Mais cela ne suffit point. C'était ici surtout qu'il fallait déclarer l'instruction obligatoire et non facultative ; qu'il fallait appliquer, dans toute leur étendue, les sages et prévoyantes dispositions de la loi organique du 10 juin 1832, dont l'existence semble inconnue en Algérie.

Exceptions à toutes les lois et à toutes les règles.

Que l'on parcoure, avec le même esprit d'examen, les différentes branches de l'administration, partout on rencontrera les mêmes causes de découragement et de ruine pour les particuliers, les mêmes impossibilités pour le gouvernement.

Nous avons déjà une *imprimerie*, une *presse*, une *librairie*, et nous n'avons pas une seule disposition légale qui fasse connaître le régime auquel elles sont assujetties. Veut-on fonder un établissement qui se rattache à ces différentes industries, on s'adresse tantôt au gouverneur, tantôt au ministre, qui statuent comme bon leur semble, et peuvent toujours retirer les permissions qu'ils ont octroyées. Les particuliers y trouvent-ils leur compte : leur existence industrielle n'a point de garantie, et ne représente rien ; le capital, fruit de leurs travaux, est improductif dans leurs mains.

Quant au gouvernement, son embarras n'est pas moins grand. Là même où la loi et l'opinion seraient pour lui, il ne peut employer que la force et l'arbitraire. Nous mettrions le ministère public au défi de faire prononcer une peine contre un délit de presse commis en Algérie. Quelles lois invoquerait-on ? On n'a pu en souffrir aucune.

C'est ainsi que ces industries, si considérables en Europe et dans le monde entier, végètent en Algérie, et que les *lettres*, les *sciences*, les *arts*, s'exilent volontairement de ce pays qui leur offrirait tant de ressources, si l'on n'en repoussait pas obstinément la liberté qui est leur existence même.

Où sont enfin les garanties légales que les fabriques, les entreprises industrielles de toute nature, pourraient trouver, si l'on songeait à en établir? En France, tout cela est défini; chacun sait ce qu'il a à craindre, à espérer; la sûreté publique n'est pas moins protégée que l'intérêt des particuliers. Ici, qui oserait répondre à l'auteur de la plus simple de ces entreprises, qu'après bien des promesses et des délais, on ne finirait pas par lui opposer quelqu'une de ces fins de non-recevoir si familières à une administration méticuleuse qui n'a point de règles fixes pour se diriger? Dans certains cas, on arguerait des prescriptions des lois de la métropole; dans d'autres, on refuserait d'en accorder le bénéfice. Et qu'on ne voie pas dans l'exposé de ces difficultés un étalage fait à plaisir, sans exemple à l'appui! Nous invoquons, en défiant tout démenti, le témoignage de ceux qui ont eu à suivre des affaires de cette nature auprès des différentes administrations de l'Algérie. Loin de nous la pensée de contester la bienveillance des intentions; mais l'intention bienveillante, selon les circonstances, se change en un déni de justice ou en une faveur, et c'est le droit commun que les gouvernements doivent avant tout à leurs sujets (1).

Si maintenant de ces questions d'un ordre supérieur nous descendons aux questions de détail, nous sommes exposés au

---

(1) C'est là précisément ce qui arrive pour les machines à vapeur et les établissements métallurgiques. Aux uns, on dit que la loi de 1843 n'est pas promulguée, qu'elle a même besoin d'être modifiée, et qu'en attendant, on ne peut donner aux demandes présentées aucune solution positive; aux autres, on répond que l'on n'est pas d'accord sur la question de savoir si les minerais doivent être traités sur place ou dans la

luxe du règlement. Ce sont les matières d'ordre public qui exigent et supportent facilement les règles fixes ; celles-là sont laissées à l'aventure, ou ne trouvent, lorsqu'elles commencent à se produire, qu'une administration incertaine, que des solutions insuffisantes ; et le génie de l'administration se révèle dans les infiniment petits.

Dans tout pays régulièrement constitué, il existe des règles générales et des règles purement locales. Celles-ci sont, d'ordinaire, abandonnées aux autorités secondaires, mieux placées pour connaître. Mais un esprit de centralisation mal entendu a voulu attirer, tantôt à Paris, tantôt à Alger, les choses mêmes les moins importantes, et généraliser ce qu'il fallait laisser à chaque localité le soin de réglementer. C'est ainsi que nous avons vu des *arrêtés sur la boucherie*, rendus pour toute l'Algérie par M. le ministre de la guerre, sans que l'on se fût informé bien précisément s'ils ne seraient pas incommodes et impraticables pour les neuf dixièmes de nos villes naissantes.

Nécessité du retour à la règle.

Il est inutile de prolonger cet inventaire de l'exception en Algérie. Nous en avons assez dit pour montrer partout l'anarchie provenant tour à tour de la violation ouverte de la loi, de l'absence complète de la légalité, d'une fantaisie capricieuse de faire, défaire et refaire, d'une impuissance de décision devant le silence ou la mobilité de la règle. S'étonnera-t-on encore de ce que le spectacle journalier d'un tel désordre anime l'Algérie à réclamer

---

métropole ; que l'existence forestière du pays, les mœurs des Arabes, leurs habitudes de vaine pâture, s'opposent à ce qu'on leur assure la faculté de se procurer sur place le combustible dont elles ont besoin. Si quelques-unes de ces entreprises arrachent des promesses, c'est faveur particulière, ce n'est jamais le droit commun.

les lois de la France, les institutions tutélaires de la mère patrie? Là est le salut du présent, la garantie de l'avenir.

Quels dangers, quels inconvénients entraînerait donc l'application des lois de la France à l'Algérie, ou du moins, comme nous l'indiquerons tout à l'heure, à certaines portions nettement délimitées de l'Algérie? Il n'en résulterait qu'avantages pour les citoyens et pour l'administration : *pour les citoyens*, car ils connaîtraient d'une manière positive et à l'avance ce qu'ils trouveront sur la terre d'Afrique; *pour l'administration*, car elle sera ainsi délivrée d'une tâche chaque jour plus embarrassante, celle de refaire à la hâte, et toujours pour des cas exceptionnels ou imprévus, des ordonnances, des lois, disons mieux, des codes tout entiers. Mais ces codes, qui font la force et l'unité de la France, n'ont de valeur que parce qu'ils ont été conçus et rédigés dans une connexion intime des uns avec les autres, qui ne permet pas d'en accepter une partie et de répudier le reste, sans tomber dans l'incohérence.

Que si les nécessités se présentent d'apporter, pour l'Algérie, d'utiles modifications, du moins le législateur n'a pas à refaire son œuvre tout entière. Il a reconnu, par expérience, ce qui est bon; il le conserve. Il a reconnu, par expérience, ce qui est mauvais ou impraticable; il le rejette ou l'améliore.

On n'a pas voulu de ce système si facile et si simple; on a voulu à toute force *innover, perfectionner, admettant ceci, condamnant cela.* Qu'est-il arrivé? C'est que les règles n'existant pas, et le besoin de ces règles se faisant sentir, tantôt c'est la colonie qui les a improvisées, et elles étaient exécutées avant même d'être connues du pouvoir ministériel, forcé d'en assumer la responsabilité; tantôt c'est la métropole qui a brusquement envoyé, sans examen, ses décisions suprêmes que l'on recevait avec respect, mais que l'on ne pouvait exécuter. En vertu de ces funestes alternatives, le *Bulletin des lois* compte déjà six volumes d'actes officiels, et chaque jour amène de nouvelles combinaisons, qui obligent à le grossir encore. Si la législation de la métropole continue à se diriger dans un sens, et celle de la colonie dans l'autre, quel sera le point où elles se rencontreront? Pour l'une comme pour l'autre, il est temps d'introduire les lois de la France en Algérie, comme la condition fondamentale de notre établissement.

N'est-il pas d'ailleurs de hautes considérations qui militent en faveur de cette prompte assimilation de l'Algérie à la France?

D'ordinaire les colonies, surtout à l'époque de leur formation, sont sollicitées par deux tendances contraires. D'une part, elles se montrent animées du désir de reproduire et d'imiter la métropole dont elles sont issues. On a bien voulu quitter, mais on ne veut pas oublier. C'est une société qui, pour retrouver sa patrie sur le sol étranger, ne veut laisser derrière elle aucun des dieux de la terre natale. Ce sentiment, que l'on retrouve à toutes les époques et chez tous les peuples, doit surtout animer une colonie telle que l'Algérie, à trente heures des côtes de France, en communication journalière avec elle, se retrempant chaque jour dans ses inspirations, dans son esprit. D'une autre part, l'éloignement, la différence des climats, la divergence et quelquefois même l'opposition des intérêts, poussent les colonies à se séparer de la métropole.

Or, malgré l'attraction de l'Algérie vers la France, il est à craindre que la tendance contraire tarde peu à se manifester. Les *étrangers* formeront toujours une portion considérable de nos émigrants; des *intérêts* propres à la localité ne manqueront pas de naître et de se fortifier; le *climat*, le *contact* des choses et des hommes de l'Orient, amèneront fatalement des changements considérables dans les *mœurs*, dans les *habitudes*, dans les *idées*. La *langue* même, ce lien si puissant des peuples, corrompue par l'introduction forcée de tant d'idiomes étrangers, risquerait peut-être de s'altérer.

Eh bien! de ces deux tendances de l'Algérie, l'une à se rapprocher, l'autre à s'éloigner, quelle est celle qu'on a pris à tâche de seconder? Au lieu de fortifier les causes de rapprochement, ne semble-t-il pas que l'on s'applique à accroître celles d'éloignement et de séparation, à en accélérer les progrès par une imprudente législation qui crée des différences là où, de soi, il n'en existait pas?

Que les lois de la métropole ne puissent être immédiatement appliquées à l'Algérie, cela n'est pas douteux, et il n'en faut rien conclure; certaines lois qui sont promulguées en France ne sont pas, non plus, toujours faites pour toutes les parties du royaume, il y en a de générales, il y en a de particulières. L'Algérie, sous ce rapport, ne dérogera point à la situation commune. Chaque jour, nous voyons des actes législatifs qui n'intéressent qu'un certain nombre de départements et sont indifférents à tous les autres. Il est même des cas où l'on modifie les lois les plus considérables : ainsi les mairies, les préfectures de la capitale, ont une organisation différente de celle du reste de la France; les droits électoraux ne s'exercent pas partout au même titre; il y a des variations notables dans le tarif des douanes, suivant que l'on se trouve dans telle zone du nord ou du midi, de l'est ou de l'ouest; il en est ainsi pour une multitude d'objets qu'il est inutile de rappeler; mais c'est de l'exception reconnue et non érigée en règle. D'ailleurs le pouvoir législatif, qui intervient dans toutes les questions, est le même pour tous, c'est en lui que se retrouve, c'est par lui que se maintient l'unité.

L'application des lois françaises à l'Algérie, telle est donc la nécessité impérieuse de notre situation. Il nous reste à démontrer que cette application est possible, à dire par quels moyens elle est praticable; c'est ce que nous allons faire.

APPLICATION DES LOIS FRANÇAISES

A L'ALGÉRIE.

Qu'on nous permette d'abord de faire observer que cette application des institutions de la mère patrie à sa colonie constitue la véritable *question de l'Algérie*. L'œuvre de la colonisation est une question administrative qui réclame des études sérieuses, des préparations intelligentes, des soins multipliés ; elle n'est pas la question essentielle et vitale.

Sans doute, nous avons vu se produire des systèmes divers de colonisation plus ou moins ingénieux, et nous les avons vus se traduire en applications plus ou moins artificielles. Qu'il nous suffise de remarquer qu'en cinq années les centres créés par l'administration réunissent à peine dix mille individus, tandis que le flot naturel de l'émigration en a amené et placé, pour ainsi dire, sans qu'on s'en occupât, plus de cinquante mille ! et ces dix mille colons n'ont été installés qu'au prix d'efforts et de sacrifices continuels. Cependant les familles qui ont concouru à cette œuvre n'étaient pas si dénuées qu'elles n'eussent apporté un précieux contingent de bras et d'intelligence. Que sera-ce donc si, comme on y paraît disposé, on se décide pour la colonisation militaire, qui ne pourra, après tout, fournir qu'un prolétariat énergique sans doute, mais incapable de fructifier s'il n'est placé sous l'assistance d'une longue et onéreuse tutelle ? Ramenée à ses véritables proportions, la question de colonisation peut être résolue sans qu'il soit besoin pour cela de faire appel aux forces vives d'un grand gouvernement, encore bien moins de mettre ses finances en péril, comme le ferait le projet de loi des *camps agricoles* qui vient d'être soumis aux Chambres. Les travaux publics réclameraient avec plus de droit son intervention et sa direction suprême.

Aujourd'hui que la situation déplorable de l'Algérie éloigne de nous les capitaux si abondants, si audacieux même en Europe, il ne faut pas s'étonner que M. le gouverneur général ait pu dire : *Il n'y a ici qu'un seul capitaliste, c'est l'État.* Le mot est vrai si l'on ne considère que la disposition des esprits ; mais il est inexact, ou du moins il ne laisserait prévoir que des résultats malheureux s'il fallait l'accepter comme le seul expédient à nos embarras. Non, certes, l'État ne peut être ce capitaliste comme on paraît l'entendre. Avec tant de charges à supporter, tant de besoins à satisfaire, l'État ne pourra jamais, en dehors de ce que lui coûtera l'entretien des forces militaires, accorder à l'Algérie que des ressources insuffisantes et hors de proportion avec ses immenses besoins. Pour que nos progrès soient sérieux et rapides, il faut donc que les efforts de tous s'unissent à ceux du gouvernement, et sa tâche sera bien assez grande, alors même qu'il se renfermera dans sa véritable mission, qui est bien moins de faire par lui-même que de protéger, de surveiller, de seconder les efforts individuels et les intérêts que chaque jour verra naître et se developper.

Mais cet essor de l'activité privée se concilie mal, nous l'avons prouvé, avec le régime exceptionnel qui prévaut ici ; il faut donc en venir forcément à l'assimilation de l'Algérie à la France : c'est la clef de sa situation. En conséquence, sans tarder davantage, nous allons énoncer les dispositions dont nous souhaitons voir le gouvernement prendre l'initiative et les Chambres accorder la sanction législative.

Ces dispositions pourraient être formulées de la manière suivante :

1° L'Algérie formera à l'avenir trois départements et trois divisions militaires.

2° Ces départements sont divisés en arrondissements ou cantons et communes, ainsi que cela est établi pour le reste du royaume. Le chef-lieu de l'un des départements est *Alger ;* de l'autre, *Oran ;* du troisième, *Philippeville.*

Le chef-lieu des trois divisions militaires est *Médéah, Mascara* et *Constantine.* La circonscription des départements, arrondissements, cantons et communes, ainsi que celle des subdivisions militaires, est déterminée par un tableau annexée à la loi.

3° Dans toute l'étendue des départements, arrondissements, cantons et communes délimités comme il vient d'être dit, les lois, ordonnances, arrêtés, règlements en vigueur dans les départements français, sont déclarés applicables en leur forme et teneur, sauf les exceptions que l'on jugerait convenable d'y apporter.

Mais ces exceptions ou dispositions spéciales seront toujours réglées par les principes conformes à la matière, c'est-à-dire que ce qui est du domaine de la loi en France sera du domaine de la loi en Algérie, de même pour ce qui est réglé par voie d'ordonnance ou d'arrêtés, et ainsi du reste.

4° En dehors des départements, arrondissements, cantons et communes, qui seront régis et administrés d'après les principes qui viennent d'être établis, les territoires formant les divisions militaires sont déclarés en état de siège permanent, et exclusivement commandés et administrés par l'autorité militaire.

5° Les populations européennes qui se formeront dans l'étendue des territoires régis militairement ne seront constituées à l'état de communes qu'autant qu'elles auront atteint le chiffre de cinq cents individus ; dans ce cas, elles seront rattachées au chef-lieu d'arrondissement le plus voisin. Ces annexions seront l'objet d'une loi spéciale, comme il est d'usage en France.

6° Les populations indigènes établies ou qui voudront s'établir dans les circonscriptions civiles seront placées sous la juridiction ordinaire ; dans ce cas, elles seront comprises dans le nombre d'habitants jugé nécessaire pour justifier la constitution d'une commune.

Les indigènes habitant les circonscriptions militaires seront soumis aux juridictions civiles des territoires où ils se trouvent momentanément.

7° Il sera formé en Algérie des listes électorales, et, par conséquent, établi des colléges électoraux chargés de pourvoir au choix des membres des *conseils de département, d'arrondissement et municipaux.* Par assimilation à ce qui se passe en France pour les propriétés de la couronne, qui, exemptes de l'impôt foncier, n'en supportent pas moins les charges départementales et communales, on établira un impôt fictif qui servira à la répartition, entre les habitants, des centimes ordinaires et extraordinaires destinés à subvenir aux dépenses des départements et des communes. Cet impôt fictif, combiné, s'il y a lieu, avec l'impôt des patentes qui existe, servira à former les listes électorales, dans lesquelles d'ailleurs on prendra les jurés et les membres du jury d'expropriation institués par la loi de mai 1833 (1).

---

(1) L'exercice des droits politiques a pour bases principales la contribution foncière. Cependant la loi du 19 avril 1831, art. 4, § 2, admet une exception qui peut s'étendre légitimement à l'Algérie sans qu'il soit besoin d'une loi nouvelle. Le gouvernement du Roi peut donc conférer les droits électoraux à ses habitants ; cette mesure donnera, sans nul doute, les résultats les plus féconds. L'élection n'est-elle pas le principe de force morale de nos institutions, et les corps élus ne sont-ils pas le contrôle le plus puissant et les meilleurs guides des intérêts d'un pays ?

Enfin, l'impôt fictif sera utile à l'assiette des centimes additionnels. On ne saurait nier, en y réfléchissant, que ces centimes deviendront un impôt lourd. Tout manque à nos départements et à nos communes ; tout

8" Le commandement des trois divisions militaires pourra , si les circonstances l'exigent , être réuni dans les mains du même officier général, et cela en vertu d'un arrêté spécial du ministère de la guerre.

Nous ne cherchons pas à atténuer les conséquences immédiates des changements qu'amènerait pour l'Algérie l'adoption des combinaisons proposées ; mais autant ces changements sont graves et féconds, autant ils sont faciles à opérer. Lorsque l'Empire, s'étendant au fur et à mesure de nos victoires, prononçait la réunion des pays que les traités lui attribuaient , que faisait-on ? Un décret impérial décidait la formation de tels ou tels départements nouveaux , et tout était dit. Une fois la circonscription territoriale déterminée, un préfet, envoyé de Paris, venait s'installer au chef-lieu désigné par le décret ; toutes les autorités secondaires arrivaient à sa suite. Les choses s'organisaient d'elles-mêmes , et les 144 départements de 1813 s'administraient aussi facilement que les 86 qui existent aujourd'hui. L'Algérie, soumise à une épreuve semblable , offrirait le même spectacle et les mêmes résultats. La division de son territoire en départements et en divisions militaires répond à tous les besoins du pays. Ce serait en petit la fameuse distinction établie par Auguste , lorsqu'il organisa l'empire romain ; nous aurons , comme lui , les provinces du sénat et les provinces de César.

---

est à créer , et, quelque ressource que le budget fournisse à l'Algérie, les habitants n'en devront pas moins pourvoir à une foule de besoins locaux qui, dans leur ensemble et par leur importance, touchent à la richesse publique et à la prospérité de nos établissements d'Afrique.

Voici le texte de l'art. 4, § 2, de la loi du 19 avril 1831 : «Les propriétaires des immeubles temporairement exemptés d'impôt pourront les faire expertiser contradictoirement et à leurs frais pour en constater la valeur de manière à établir l'impôt qu'ils paieraient, impôt qui alors leur sera compté pour les faire jouir des droits électoraux... etc.»

Sans invoquer cet exemple antique, ne voyons-nous pas que les Américains ont exactement procédé de même ? Tandis qu'ils n'admettent pour leurs États d'ancienne et de nouvelle formation d'autre régime que celui de la légalité et du droit commun, c'est au département de la guerre qu'ils ont exclusivement confié la direction des *affaires indiennes*.

Rien de plus naturel que ce partage des autorités : il obvie précisément à cette confusion d'attributions dont nous avons tant à souffrir. Là où il faudra que la force militaire soit conservée dans toute l'unité de son action, nous sommes les premiers à exclure toute combinaison qui tendrait à l'affaiblir. Telles seront les divisions militaires. Où l'autorité régulière peut s'exercer sans inconvénient sur des populations habituées à ce régime, il est nécessaire de rendre aux lois tout leur empire et d'établir franchement les institutions civiles. L'espace où l'on jugera utile de les circonscrire se restreindra d'abord dans des limites peu étendues. Mais que ces limites soient certaines, voilà l'essentiel ; d'elles-mêmes elles se déplaceront, et l'on verra bientôt si les populations musulmanes continueront à montrer pour un régime purement légal cette répugnance invincible qu'on leur attribue. Nous serions bien trompés si elles tardaient à chercher les occasions de se faire comprendre dans la circonscription départementale.

Pour montrer comment notre pensée est immédiatement applicable, nous allons indiquer la composition territoriale de ces départements. Ils prendraient les dénominations suivantes, tout à fait en harmonie avec le célèbre travail de l'Assemblée constituante.

Premier département, formant le 87ᵉ de la France, *département de la Mitidja*.

Deuxième département, formant le 88ᵉ de la France, *département de l'Atlas occidental*.

TROISIÈME DÉPARTEMENT, formant le 89ᵉ de la France, *département de l'Atlas oriental.*

Le département de la Mitidja aurait Alger pour chef-lieu. Si au territoire compris dans les circonscriptions civiles et judiciaires fixées par les arrêtés antérieurs, on ajoutait Médéah, Milianah, Tenès, Orléansville, Cherchell, Dellys, Bougie, et leurs banlieues, ce département compterait actuellement 110,000 habitants (Européens et indigènes).

Le département de l'Atlas occidental, avec Oran pour chef-lieu, aurait, outre cet arrondissement et celui de Mostaganem, les cantons d'Arzew, Saint-Denis-du-Sig, Mascara, Tlemcen, Nemours et leurs banlieues, présentant ensemble un chiffre de 50,000 habitants.

Dans la province de l'est, qui formerait le département de l'Atlas oriental, nos établissements civils sont séparés les uns des autres par des distances considérables. Le chef-lieu de ce département serait nécessairement Philippeville, avec les principaux arrondissements Bone et Constantine, avec les cantons de Guelma, Sétif, la Calle et Gigelly. Ce département donnerait une population de 50,000 individus.

Ces localités, régies par des lois conformes, administrées par des autorités parfaitement homogènes et placées les unes à l'égard des autres dans les rapports d'une hiérarchie bien définie, n'occasionneraient d'autre embarras que celui de l'expédition des affaires. Nécessairement encore ces juridictions chercheraient à s'étendre, à former des groupes nouveaux de population. Ce serait pour toutes l'objet d'une louable émulation. Ne serait-ce pas aussi un puissant levier pour la colonisation?

De leur côté, les trois divisions militaires, qui prendraient les numéros 22, 23 et 24, suivant leur ordre de formation, seraient placées, comme on l'a déjà dit, aux trois chefs-lieux principaux de l'intérieur : Mascara, Médéah, Constantine; elles embrasseraient, avec leurs divisions, tout le reste du pays.

Les généraux commandant ces divisions seraient uniquement occupés de contenir les populations indigènes, de les administrer, et de diriger l'armée dans les grands travaux de route ou de toute autre nature, jugés nécessaires pour la pacification des vastes territoires confiés à leurs soins.

Qu'on le remarque bien, ce partage de l'Algérie entre les deux autorités est le développement même de l'organisation ébauchée par la fameuse ordonnance du 15 avril 1845, et il nous semble également la conséquence forcée, prévue sans doute, de la mesure adoptée en principe de transférer, dans trois villes de l'intérieur le quartier général de chacune des trois divisions de l'armée d'Afrique.

Mais par quel lien ces autorités se rattacheront-elles à la métropole? sous quelle impulsion seront-elles placées? continueront-elles, comme depuis quinze ans, à dépendre exclusivement d'une administration comprise dans le département de la guerre, bien que les objets dont cette administration doit spécialement s'occuper soient les plus étrangers et même les plus antipathiques à ce ministère? ou bien seront-elles rattachées aux différents ministères, comme conséquence des principes que nous avons posés?

L'opinion s'est prononcée unanimement contre la création d'un ministère spécial. On a vu l'impossibilité où l'on se trouverait de confier l'Algérie à un ministère étranger à l'armée, et réciproquement de placer l'armée d'Afrique en dehors de ses chefs nécessaires, c'est-à-dire de créer une armée dans l'armée. Le ministère spécial n'aurait d'ailleurs été qu'une direction de l'Algérie plus coûteuse, plus embarrassée et plus embarrassante que celle qui existe aujourd'hui. Pas plus que celle-ci, ce ministère n'aurait pu réunir les hommes spéciaux dont nous avons surtout besoin; comme elle, il aurait été, chaque jour, obligé d'emprunter aux autres ministères leurs traditions, leurs idées, aussi bien que leurs agents, et il eût de plus été privé des ressources précieuses que trouve, dans les différents services dépendants du ministère de la guerre, une administration qui en fait partie intégrante, et qui, placée sous les ordres immédiats d'un chef commun, ne peut que contribuer à étendre son autorité et son influence. Le ministère spécial a donc été écarté.

La combinaison que nous avons proposée nous paraît prévenir toutes les difficultés et concilier tous les intérêts. Le département de la guerre retient les territoires où l'état des populations indigènes exige sa suprématie exclusive. Les territoires organisés en départements, qui après tout renferment les intérêts les plus précieux de la France, entrent en communication directe avec les différents ministères ; toutes les questions spéciales sont examinées par des hommes spéciaux. Les fonctionnaires et agents de ces ministères ne quittent pas, parce qu'ils viennent en Algérie, les corps dont il font partie ; ils ne se regardent plus comme envoyés en un espèce d'exil, et les hommes éminents de nos administrations centrales, ne tenant plus l'Algérie pour étrangère à leur service, la traiteront avec la sollicitude qu'ils accordent à toute partie du territoire national. Tous alors, chambres législatives, conseil des ministres, conseil d'État, se devront à l'œuvre commune ; ils y auront leur part d'influence comme leur part de responsabilité. Or, chose étrange ! en même temps qu'on laisse tout à faire au ministère de la guerre, on est forcé d'avouer que sa tâche excède les forces humaines ; il arrive alors que la responsabilité ministérielle, ce principe essentiel de notre constitution, s'énerve, s'éparpille, ou s'égare et va retomber quelquefois sur la tête de quelque directeur secondaire, si ce n'est même d'un obscur chef de bureau, d'un commis subalterne. Divisée entre les différents ministères, cette responsabilité n'est plus accablante et cesse d'être illusoire.

Un dernier point reste à éclaircir ; nous l'aborderons avec respect pour les personnes, mais avec franchise sur les choses.

Dans notre projet d'organisation, nous avons indiqué, *d'un côté*, le département, l'arrondissement, le canton, la commune ; *de l'autre*, la division et la subdivision militaire. En regard de ces dénominations, se placent les dénominations correspondantes : celles de préfets, de sous-préfets, de maires, de *lieutenant général* commandant la division, de *maréchal de camp* commandant la subdivision, et ainsi de suite. Ce système appelle également nos différentes institutions *conseils de départements*, *conseils d'arrondissements, conseils municipaux,* etc. Conviendra-t-il, après cela, de maintenir, comme un complément indispensable de ce système, le pouvoir extra-légal institué pour l'Algérie, il y a douze ans ; pouvoir né des circonstances et destiné à disparaître avec les motifs qui l'avaient fait établir ? Ce pouvoir est celui du gouverneur général.

Deux choses sont à considérer : d'abord, et avant tout, les convenances ou l'intérêt de la France ; en second lieu, les convenances et les nécessités de l'Algérie.

Et d'abord, rendons ce juste hommage aux institutions de notre pays, dont le fait qui nous occupe a prouvé la solidité. L'histoire nous cite-t-elle beaucoup d'exemples de généraux victorieux, investis pendant une série d'années du commandement d'armées aussi considérables que l'armée d'Afrique, sans qu'il en soit résulté aucune complication pour le gouvernement qui avait agi avec cette confiance ? Nous ne voulons point forcer les analogies jusqu'à rappeler les noms de César, de Cromwell et de Bonaparte, faisant tourner au profit de leur ambition la gloire de leurs armes et l'ascendant acquis par le long exercice du pouvoir militaire. Rien de pareil aujourd'hui. Cependant le gouverneur général actuel commande depuis six ans, avec éclat, une armée de cent mille hommes ; l'énergie de son caractère ajoute à l'autorité dont il est revêtu, et cette autorité ne cause point d'ombrage. Un signe du télégraphe, le moindre pli émané des bureaux de la guerre, et tout ce grand pouvoir passe en d'autres mains.

Mais si ces observations sont vraies, il est certain aussi que, plus d'une fois, depuis quinze ans, les mutations à opérer dans le gouvernement de l'Algérie, les dissentiments inévitables entre les ministres et son puissant subordonné, ont causé une certaine perturbation dans la sphère de nos pouvoirs. Des épigrammes lancées dans les journaux ou du haut de la tribune n'ont pas toujours suffi pour rétablir l'équilibre et raffermir l'autorité de la subordination hiérarchique. En vain on voudrait le nier; il est plus d'une circonstance où la présence de tel ou tel personnage au gouvernement de l'Algérie a rendu ou rendra impossible telle ou telle combinaison ministérielle. N'y a-t-il pas là quelque chose d'anormal? N'est-ce pas déjà trop que d'avoir à subir de tels inconvénients, même passagers?

Assurément, l'ère des gouverneurs aura été brillante en Algérie. Deux lieutenants généraux, dont l'un mort sur le champ de bataille, trois maréchaux de France, ont dignement occupé, quoique avec des qualités et des fortunes diverses, ce poste éminent. L'Algérie, traversée dans toute son étendue et pénétrée dans ses retraites les plus inaccessibles; la suprématie de nos armes invinciblement reconnue; notre domination assise; tant d'établissements civils, militaires, maritimes, fondés sur tous les points; tant de travaux entrepris et achevés : tels sont les résultats éclatants de ce glorieux labeur de quinze années,

Autre temps, autres soins. Les moyens qui ont servi à poursuivre une conquête réussissent rarement lorsqu'il s'agit de la conserver, et surtout, comme cela a lieu pour l'Algérie, de la repeupler, en un mot, de la coloniser. Cette concentration de tous les pouvoirs dans une même main, qui a pu être utile ou même nécessaire pendant l'action, pendant la lutte, devient sans objet ou même nuisible quand la crise est passée.

Il faudrait d'ailleurs réduire à leur juste valeur ces mots : *Concentration de pouvoirs,* appliqués à l'Algérie. Les difficultés, l'interruption même des communications entre les trois provinces, lorsqu'on les a soumises à un gouverneur général disposant de toutes les forces militaires, n'ont jamais permis le libre exercice de l'unité du commandement. Il est de fait que, durant ces quinze années, les trois divisions ont toujours agi isolément. Quelle liaison existe-t-il entre les mouvements du gouverneur général opérant dans les montagnes de Tenès, et ceux de la division de Constantine pénétrant dans les monts Aurès, ou de la division d'Oran poursuivant Abd-el-Kader jusque dans l'intérieur du Maroc ? C'est pourtant ce qui a eu lieu mainte fois en 1845 et lors de toutes les campagnes précédentes.

Politiquement et géographiquement parlant, les trois provinces de l'Algérie présentent entre elles des constrastes marqués, des différences dont on ne peut se rendre bien compte que sur les lieux mêmes. Aussi, le plus souvent, l'iniative a dû appartenir aux commandants des provinces, en dehors de l'action des gouverneurs généraux, et l'on peut affirmer, l'histoire à la main, que cette unité supposée dans le commandement militaire n'a jamais existé qu'en principe.

L'établissement des trois divisions militaires, admis par le gouvernement, répond d'une manière plus exacte à la réalité. Si des circonstances particulières exigeaient qu'un commandement plus considérable fût confié à un seul chef, rien n'empêcherait le ministre de la guerre de réunir entre les mêmes mains le commandement de deux, ou même des trois divisions, comme cela s'est pratiqué en Europe dans maintes circonstances. Le sort des opérations militaires n'en serait pas compromis. Car les succès de M. le maréchal Bugeaud, comme ceux de ses prédécesseurs, ont tenu non pas à ce qu'ils commandaient toutes les forces de l'Algérie, mais à ce qu'eux-mêmes ou leurs lieutenants avaient employé, plus ou moins heureusement, les troupes qu'ils avaient sous la main.

L'intérêt militaire n'exige pas un chef unique et suprême. L'intérêt civil ou administratif l'exige-t-il ? Pas davantage.

Sans doute l'Algérie a besoin de la direction d'une autorité forte et centrale ; mais en quel lieu la placer ? A Alger ou à Paris ? C'est ce qu'il importe de décider : car le siége de cette centralisation ne peut être simultanément à Alger et à Paris, sous peine, comme cela a lieu aujourd'hui, de n'être nulle part.

Si c'est pour Alger que l'on opte, un tel choix entraîne comme conséquences forcées : 1° l'organisation d'un pouvoir législatif, subordonné sans doute en beaucoup de cas à nos Chambres, mais jouissant dans beaucoup d'autres d'une indépendance qui ne pourra que s'accroître ; 2° l'organisation d'un pouvoir exécutif qui, participant nécessairement à l'indépendance du pouvoir législatif, communiquera la même vertu aux autorités secondaires.

C'est en deux mots un état tout entier à constituer en Algérie avec ses institutions, ses lois, ses finances, son budget, ses administrations de toute nature, peut-être même bientôt son armée et sa marine. Or, le titre de gouverneur général ne correspond plus au faîte d'un établissement aussi considérable, c'est celui de vice-roi.

Beaucoup de bons esprits se sont occupés, dans ces derniers temps, de cette combinaison qui a du moins le mérite d'offrir une solution complète. Mais il était difficile aux partisans de cette vice-royauté de se dissimuler qu'elle ne pouvait se fonder qu'à des conditions peu compatibles avec notre constitution. Si le ministère a été tant de fois embarrassé, pendant ces quinze années, vis-à-vis de nos gouverneurs généraux, son attitude sera-t-elle moins contrainte devant un vice-roi, nécessairement choisi sur les marches du trône, et qui, investi des attributions les plus effectives, y joindrait l'influence et l'autorité que peuvent donner la naissance, la fortune, le mérite, une grande position personnelle. — Un tel pouvoir ne tarderait pas, peut-être, a devenir trop pesant pour l'Algérie. Il imposerait à la France même : nous n'avons pas des mœurs assez rigides pour le contenir. Mieux vaut ne pas en essayer.

Il est une dernière considération qui nous paraît décisive. Si, en France, on n'accorde pas toujours assez d'attention aux choses de l'Algérie, trop souvent aussi, en Algérie, on ne se préoccupe pas assez de ce qui importe à la France. On y tient trop peu de compte de ses affaires, de ses difficultés, de ses convenances. La France a sur tout le globe des intérêts immenses, d'une complication infinie; les nôtres ne peuvent être l'objet d'une partialité inique et fâcheuse. Or, comme ce n'est qu'au sein du gouvernement et des Chambres que toutes ces questions peuvent être parfaitement appréciées, notre intérêt comme notre devoir exige que nous demeurions dans les rapports les plus intimes avec cette centralisation puissante et éclairée. Loin de chercher à faire prévaloir l'idée d'une vaine et chimérique indépendance, tout ce que nous devons demander, c'est l'union la plus étroite, l'assimilation la plus complète à la mère patrie. Et tel serait précisément le résultat de l'organisation que nous avons dû proposer (1).

D'un côté, par l'établissement de trois divisions militaires, de trois préfectures, et sans doute aussi d'un arrondissement maritime, les forces de terre et de mer, les administrations civiles, judiciaires et financières sont pourvues, les unes et les autres, d'attributions précises qui s'exercent sur des territoires distincts, dans des rapports déterminés. Elles jouissent ainsi de toute la liberté et de toute la force dont elles ont besoin; en outre, elles se trouvent rattachées par leur organisation même à leur centre commun, les différents ministères de France.

De l'autre côté, par la création des institutions secondaires, conseils de départements, d'arrondissements, municipaux, nos populations, nées françaises, trouvant toutes les garanties et la facilité suffisante pour régler leurs intérêts locaux, et faire con-

----

(1) Voir la note à la suite du Mémoire.

naître leurs vœux et leurs besoins légitimes, il ne leur reste plus après cela qu'à grandir et à s'étendre dans le cadre qui leur est tracé.

N'est-ce point là la solution la plus simple et la plus prompte de ce qu'on est convenu d'appeler *la question de l'Algérie?* Nous l'avons exposée avec sincérité, convaincus que cette solution peut recevoir son application immédiate, et nous le répétons une dernière fois, l'assimilation de l'Algérie à la France doit être le principe nettement posé par le gouvernement et poursuivi par lui jusque dans ses dernières conséquences ; là est le salut du présent, la garantie de l'avenir.

NOTE.

On n'a voulu , au sujet de cette réorganisation administrative de l'Al-
série, traiter dans ce Mémoire que les considérations générales; cependant il ne faut pas négliger celle de l'économie, qui n'est pas sans importance; on va en juger.

Voici, d'après le budget de 1848, distribué aux Chambres, les alloca-
cations accordées pour les administrations centrales et générales de
l'Algérie.

Direction des affaires de l'Algérie au ministère de la
guerre. . . . . fr. 241,000 »
Direction générale à Alger, conseil supérieur, conseil du
contentieux (1), etc. etc. (personnel et matériel). . . 248,000 »
Direction de l'intérieur, sous-directions, commissariats
civils (personnel). . . . . 353,000 »
Direction des finances (personnel). . . . . 142,000 »
Direction des travaux publics (personnel et matériel). . 102,000 »

Nous ne connaissons pas exactement le chiffre du matériel des directions de l'intérieur et des finances. Le
budget n'est pas très-explicite à ce sujet, mais on res-
tera à coup sûr au-dessous de la vérité, en portant ce
chiffre à. . . . . 150,000 »

Total général. . . . . . fr. 1,236,000 »

(1) *Le conseil du contentieux.* État-major administratif très-onéreux , mais encore
plus inutile ; conseil de préfecture bâtard auquel on a cherché, sans les trouver, des
attributions en rapport avec la charge qu'il impose au budget. D'un côté , on a entamé
les lois sur la propriété (ordonnance du 21 juillet 1846) pour aboutir à conférer au conseil quelques-unes des fonctions des géomètres du cadastre et les attributions des juges
de paix en matière de bornage. D'un autre , on a retiré aux tribunaux leur compétence
dans certaines questions de propriété qui intéressent le domaine (ordonnance de no-
vembre 1845 et 21 juillet 1846) pour la transporter au conseil. En résultat, on a institué une commission administrative et un tribunal. N'est-ce pas la confusion la plus
étrange des principes qui maintiennent si nettement, en France, la séparation de l'administration et de la justice ! Il sort de cet état de choses une anarchie, un conflit per-
pétuel entre les diverses branches du pouvoir. Ce conseil n'est donc pas seulement inutile ; il est un obstacle dans le pays. Un conseil de préfecture, dans notre système,
remplace avec économie et profit pour l'expédition des affaires le conseil du contentieux
et le conseil d'administration,

Examinons maintenant ce que coûterait la même administration *dans le système des préfectures*, en conservant transitoirement l'organisation actuelle, les commissariats civils que l'on ne saurait supprimer aujourd'hui dans des localités naissantes et éloignées les unes des autres, et en multipliant même ces commissariats partout où il en est besoin.

En France, les dépenses relatives aux préfectures s'élèvent à 8,250,000 fr. ; soit en moyenne, par préfecture . . . . fr. 96,000 »
Ajoutons ⅓ pour l'Algérie, à cause de l'éloignement, de surcroît de dépense. . . . . 32,000 »

Ensemble. . . . . 128,000 »
Et en chiffres ronds. . . . . 130,000 »

Ou pour trois préfectures composant six sous-préfectures. . . . . fr. 390,000 »
12 commissariats civils ou mairies,rétribuées à 10,000 f. (c'est ce qu'ils coûtent aujourd'hui). . . . . 120.000 »
Direction de l'Algérie au ministère de la guerre réduite aux affaires arabes, et par conséquent à deux bureaux. . . . . 100,000 »
Augmentation pour les différents ministères entrant en relation directe avec l'Algérie. . . . . 50,000 »

Ensemble. . . 660,000 »
Qui, rapprochés de la dépense actuelle, s'élevant à. . . fr. 1,236,000 »

Présenteraient une économie annuelle de. . . . . fr. 576,000 »
Quant aux dépenses départementales, municipales, etc., ne figurant pas au budget de l'État, c'est la même chose en Algérie; et elle a également le budget local et municipal pour y pourvoir.

Mais ce qui serait plus précieux que l'économie d'argent, ce serait l'économie de temps et l'accélération des affaires.

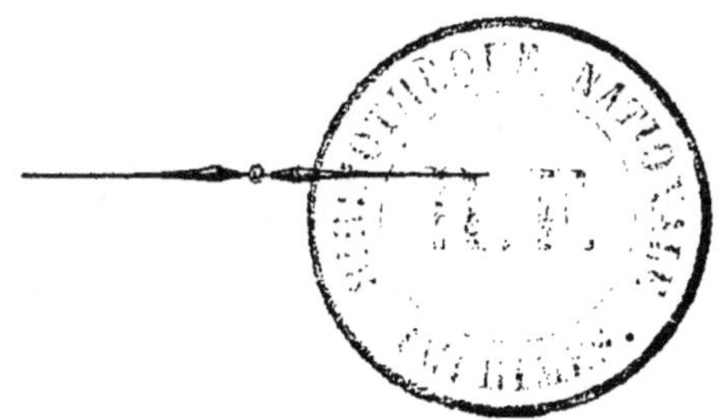